Falk Holzapfel

Böse Brummer

Das dunkle Geheimnis

LOEWE WOW!

Nachdem wir das erste Level nur knapp überlebt hatten, konnte es ja nur besser werden. Jedenfalls haben Piet und ich das gedacht.

Doch wir sollten uns irren.

Während das erste Level etwas für absolute Anfänger ist, trennt sich in Level 2 die Spreu vom Weizen.

EIN PAAR TROPFEN FÜR DIE KLEINE SCHÖNHEIT …

Hier zeigt sich, wer zum Bugjäger geboren ist
und wer lediglich als Futter taugt.

Und bisher lief es eher mittel.

Der rostige Roboter ist wie immer keine Hilfe!
Warum gibt sie nicht einfach auf?
Weil unser POD kaputtgegangen ist, wir uns ohne Bugjäger-Lizenz in der verbotenen Zone verirrt und einen Bug gefunden haben, den sie unbedingt haben will.

Smiley folgt halt nur seiner Programmierung. Offenbar gehört uns zu retten nicht dazu.
Wem erzählst du das? Ich war dabei, falls dir das nicht aufgefallen ist.

Die Situation schien ausweglos.

Da hieß es, Nerven behalten und sich nicht einschüchtern lassen!

BUGMIST! Wir sind verloren!
Strahler auf den Boden, Knirps, oder du wirst eingesaugt!

Auch wenn wir es mit zwei der Top-Ten-Jäger zu tun hatten, hieß es, cool zu bleiben und sich nichts anmerken zu lassen.

Schwabbel? Die Jacke ist nur extrastark gefüttert, damit ich nicht friere. Ich bin nicht dick.
DÖRP
Igitt! Dieser Gestank!
Gobbel Wobbel
ZAP

Mein ausgeklügelter Plan hatte funktioniert. Geschickt hatte ich Mega eine Lektion erteilt, die er so schnell nicht wieder vergessen würde.

Feiner Melvin! Magst es wohl nicht, wenn man böse Sachen zu mir sagt?
Lass uns abhauen, solange wir noch können!

In Extremsituationen ist man auf sein Team angewiesen. Zusammenhalt ist das Wichtigste. Als Anführer ist es meine Aufgabe, mich darum zu kümmern.

Was hätte er denn tun sollen?
Er ist ein Bewässerungsdroide.
Aber hast du gesehen, wie Melvin uns gerettet hat?

Auch im besten Team kann es mal Streit geben. Wichtig ist dann, dass jeder zu Wort kommt und man sich zuhört.

PFLANZEN SIND EMPFINDUNGSFÄHIG, KOOPERIEREN UND LEBEN IN EINEM HARMONISCHEN GLEICHGEWICHT MITEINANDER, IM GEGENSATZ ZU HUMANOIDEN.
Pflanzen operieren? Was für ein Quatsch! Deine Platinen fangen wohl an zu rosten. Kein Wunder, dass sie aufgehört haben, Roboter zu bauen.
BEWÄSSERUNGSDROIDEN ...

Die verbotene Zone ist ein gefährlicher Ort. Nach vorne schauen, wachsam bleiben und für sein Team da sein, darauf kommt es an! Für Heulsusen ist hier unten kein Platz.

Dieses ganze Gerenne hat mich so durstig gemacht. Wieso haben wir nicht daran gedacht, etwas zu trinken mitzunehmen?
Easy-peasy! Smiley schleppt doch die ganze Zeit Wasser mit sich herum.

Smiley, gib mir was von deinem Wasser!
DER ANFRAGE DES USERS KANN NICHT ENTSPROCHEN WERDEN.
Du bist ein ROBOTER und musst tun, was ICH dir sage! Wir sind von Bugs gejagt, abgestürzt und fast eingesaugt worden. Gerade werden wir von zwei der gefährlichsten Bugjäger der LIGA gejagt! Ich bin irre hungrig und habe verfluxt noch mal Durst. ALSO GIB MIR WASSER!
NOPE.

Okay, Blechbüchse,
dann werde ich es mir eben holen!
Jetzt warte doch mal.
Vielleicht musst du ihn einfach nur lieb bitten?
Einen Roboter bitten?
Warum nicht?

Okay, Smiley, gibst du mir etwas von dem Wasser, das du die ganze Zeit völlig nutzlos in dem riesigen Tank rumschleppst? Bitte!
DER ANFRAGE DES USERS KANN NUR ENTSPROCHEN WERDEN, WENN PROTOKOLL A-318 AUßER KRAFT GESETZT WIRD. WOLLEN SIE DAS PROTOKOLL JETZT AUßER KRAFT SETZEN?
Ja, meinetwegen.

PROTOKOLL A-318 WURDE DEAKTIVIERT.
Geht doch.
Was ist wohl die Funktion von Protokoll A-318?

WÜRG!
PROTOKOLL A-318 IST EINE SICHERHEITSMAßNAHME. DAS WASSER IN MEINEM TANK IST FÜR HUMANOIDE NICHT BEKÖMMLICH. ES IST ANGEREICHERT MIT PFLANZENSCHUTZMITTELN, WACHSTUMSFÖRDERERN UND EINEM PROBIOTISCHEN SCHNECKENSCHUTZ.

Verdammt, Smiley, hättest du mir das nicht vorher sagen können, verfluxter Rosteimer?
MEINE BEZEICHNUNG LAUTET: BEWÄSSERUNGSDROIDE B-PO 16.
Ich werde dich saugschrumpfstrahlen, dann lautet deine Bezeichnung „Zerdrücktes Altmetall"!
Nicht, Steven! Smiley folgt doch nur seiner Programmierung.

Ich bin noch viel durstiger als vorher. Wir müssen unbedingt Wasser finden.
Easy-peasy! Aber sieh doch all die Pflanzen hier, die brauchen ja alle Wasser, sonst würden sie nicht wachsen.

Klar, es warteten Herausforderungen auf uns. Doch die Frage ist nicht, auf welche Hindernisse du stößt, sondern wie du sie überwindest. Ich wusste, Piet wäre ohne mich verloren. Also schritt ich mutig voran, um uns vor dem Verdursten zu retten.

Nach Stunden ohne Flüssigkeit hatte ich endlich die Rettung gefunden. Mutig meldete ich mich freiwillig, um mich von dem Geschmack zu überzeugen.

Mjam, das ist vielleicht lecker!
Ich nenne die Frucht Stevini Grande.

Pflanze: Curbitrone
Level: 2

Vorkommen: häufig
Gefahr: *

Vor wenigen Jahren zum ersten Mal entdeckt, zählt diese Pflanze zu den neoinversiven Spezies. Sie breitet sich mit großer Geschwindigkeit in den oberen Leveln aus. Viele Bugs nutzen sie als Nahrungsquelle und transportieren ihre Samen so auch in untere Level. Für Menschen ist die Pflanze allerdings unverdaulich und sorgt für schwere Übelkeit und Hautirritationen.

Steven, ich glaube, die Stevini Grande ist schon entdeckt worden und du solltest sie besser nicht essen.
Vor fünf Sekunden wäre das eine super Information gewesen.

Mut wird leider nicht immer belohnt.

Aber davon soll man sich nicht aufhalten lassen.

Den stets aufmerksamen Blick auf unsere Umgebung gerichtet, führte ich uns weiter durch die Wildnis von Level 2.

Zum Totlachen ...
Super, dass du JETZT die Brille aufhast.

Ist alles okay, Steven?
Ich bin völlig groggy, hab Durst und bin total müde. Ich kann keinen Schritt weitergehen und hab keine Ahnung ...

Das Ende kam so plötzlich wie unaufhaltsam.
Hätte das Team besser aufgepasst, vielleicht wäre es zu verhindern gewesen. Doch ich mache Piet keinen Vorwurf. Nicht jeder hat die Instinkte eines Anführers.

STEVEN!
Bugmist!
Ist alles okay?

EIN USER HAT SICH ANGEMELDET.

Ja, das war nicht mein stolzester Moment. Aber so hatte Piet gelernt, die Umgebung besser im Auge zu behalten.

Bug: Schnappschlund

Level: 2

Vorkommen: häufig
Gefahr: *

Der Schnappschlund ist ein Lauerjäger, der bewegungslos wartet, bis ihm seine Beute zu nahe kommt. Trotz seiner Größe ernährt er sich ausschließlich von Rüsselflüglern. Da er sich fast nicht bewegt, kann er Wochen ohne Nahrung überstehen.

Ich gehe keinen Schritt mehr weiter. Wir haben uns völlig verirrt. Und wer weiß, welches Monster hinter dem nächsten Pilz lauert!
Wenn man dich so reden hört, könnte man glatt denken, du hast schlechte Laune.

Doch für Vorwürfe würde später noch genug Zeit sein. Jetzt hieß es, das Problem zu lösen.

Zum Glück hatte ich schon eine geniale Idee, um das Team zu retten.

Wir folgen einfach dem Kabel und es wird
uns in die Zivilisation führen.

Ist es noch weit?
Meine Beine sind müde.
ICH EMPFEHLE ZU FLIEGEN. DAS IST VIEL SCHONENDER FÜR DIE BEINE.
Zum Totlachen, Smiley.
Der Weg war lang und hart.
Aber so ist das Leben als Bugjäger.

Also biss ich die Zähne zusammen und führte uns vorwärts.

Und schließlich brachte ich uns die Rettung.
All unsere Sorgen lösten sich in Luft auf.
Sag mir, dass du das auch siehst!
Kann es denn wirklich wahr sein?
SPRUDEL DUDEL

Ein Sprudel-Dudel-Automat! Wir sind gerettet!
SPRUDEL DUDEL
SPRUDEL DUDEL

Worauf wartest du? Los, wirf ein paar Zistronen rein. Ich hab so DURST!
Ich hab kein Geld mehr. Was ich noch hatte, hab ich für meinen letzten Sprudel-Dudel ausgegeben.

Sprudel-Dudel, das beste Getränk der Welt, war so nah und doch unerreichbar. Das Leben war einfach nicht gerecht. Mir machte das jedoch nicht viel aus.

Das ist die Rettung!
So, wir müssen den Speichertank hier irgendwie anschließen, dann sollte es gehen.
SPRUDEL DUDEL
SPRUDEL DUDEL

BZZZZZ
BRRRRRR
PIEP
3 HORNWESPEN = 500 ML SPRUDEL-DUDEL
TAKATAK
PUMP
SPRUDEL DUDEL
SPRUDEL DUDEL
SURR

HUMANOIDE LEBENSFORMEN UND IHRE ERNÄHRUNGSGEWOHNHEITEN SIND WIDERLICH.
Schlürf
SAUG

Smiley, halte mal Ausschau nach ungebetenen Besuchern!
NATÜRLICH, USER PIET. DROIDE B-PO 16 MUSS JA NIE AUFLADEN UND FREUT SICH, EUCH BEIM SCHLAFEN BEOBACHTEN ZU DÜRFEN.

WAHH
Wahh! Wer? Was!
SMILEY!

EIN NEUER USER
IST SOEBEN EINGETROFFEN.

Hi.
Piet, Piet, PIIIIEEET!
ZOOM

ZZ
Piet, wach auf!
PIET!
Da ist ein Fremder!
OHHH!

Hallo, ich bin Piet.
Hi, ich bin Rosa.

Einen netten Bewässerungsdroide habt ihr da. Und noch in bestem Zustand. Wollt ihr den verkaufen? Ich könnte euch ein paar gute Ersatzteile für eure Ausrüstung im Tausch anbieten.
Ersatzteile?
Nein, nein! Smiley steht nicht zum Verkauf.

Wie kommst du denn an gute Ersatzteile?
Na, wie wohl? Ich finde sie. Hier unten liegt doch genug alter Schrott rum.
Piet, check unsere Ausrüstung! Wir haben einen Plünderer unter uns.
Ihr glaubt doch wohl nicht, dass ich einen uralten Typhoon-X-Strahler und einen leeren Bugbucket-Tank klauen würde? Ich bin Sammlerin, keine Diebin.

In der verbotenen Zone bin ich als Rostige Rosa bekannt. Sammlerin, Reparateurin, Händlerin. Und was macht ihr hier?
Wir sind Bugjäger!
MUHARHARHAR

Jetzt mal im Ernst. Was macht ihr hier unten? Handelt ihr mit Antiquitäten?
Jetzt pass mal auf, Plünderin: Wir sind erfahrene Bugjäger und haben schon einige Bugs eingesaugt. Und unsere Ausrüstung ist solide.
Aha, deswegen habt ihr auch eure alten Bugs gegen Sprudel-Dudel eingetauscht? Ihr wisst schon: Die Automaten spucken das Zeug auch gratis aus, wenn man kräftig dagegentritt.

Aber wie ihr meint.
Dann mal gute Jagd.
Warte mal.
Um ehrlich zu sein,
haben wir uns verlaufen
und suchen einen Weg zurück
an die Oberfläche.

Na, warum habt ihr das denn nicht gleich gesagt? Das ist doch kein Problem. Ich kann euch den Weg zeigen.
Wirklich? Das wäre wundertastisch!
Kein Problem.
Solange der Preis stimmt ...

Ich wusste doch, dass sie nur hinter unserem Geld her ist.
Aber wir haben gar kein Geld.
Ich glaube, ich hätte da einen Vorschlag.

FLÜSTER
FLÜSTER

WAS SOLL DAS HEIßEN: NUR EIN ARM ODER SO!?
SPRUDEL DUDEL
ICH KANN DOCH NICHT EINFACH AUSEINANDERGENOMMEN WERDEN!

Ach, jetzt hab dich nicht so. Wolltest du nicht die ganze Zeit abgeschaltet werden? Zerlegt oder abgeschaltet, das ist doch dasselbe.
DAS IST ÜBERHAUPT NICHT DASSELBE! ABER JA, ZERLEGT NUR DIE MASCHINE, SIE HAT JA KEINE GEFÜHLE …
Mach dir keine Sorgen, Droide! Eine mobile Duscheinheit bringt in der verbotenen Zone gutes Geld. Jeder will hier gern mal duschen. Vielleicht muss ich dich gar nicht auseinandernehmen.
MOBILE DUSCHEINHEIT FÜR HUMANOIDE? DANN FORMATIERT DOCH GLEICH MEINEN ZENTRALEN DATENKERN.

Ein guter Anführer weiß, wann es an der Zeit ist, sich von Gefährten zu trennen.
Besonders, wenn die Gefährten nörgelnde, nutzlose Blechdosen sind.

Und wann man die Führung verdächtigen Plünderern überlassen muss, die nur Geld und Ersatzteile stehlen wollen.

Willst du vielleicht auch was?
Nein, danke.
Warum denn nicht? Sprudel-Dudel ist das leckerste Getränk der Welt.
BÖRP

Deshalb.
Ihhh!!!

Wer?
Wo?
Wie?
Was?
SUMM SUMM

Ach, es ist nur ein Bug. Was für ein Glück, dass zwei Bugjäger hier sind.
Pffft, Mädchen. Du bist doch nur ein niedlicher kleiner Wurm. Du wirst dich in meinem Bugbucket viel wohler fühlen.

STEVEN!
?
NEIN,
geh in Deckung!

Es gibt Momente im Leben, da muss ein
Bugjäger tun, was nur ein Bugjäger kann.

MEINE MAMI!!

KRAKOOM

Wir müssen ihm helfen! Der Bug wird ihn verschlingen!
WIE KÖNNTE ICH HELFEN? ICH BIN DOCH NUR EIN STÜCK ALTMETALL, MIT DEM GEHANDELT WIRD.
Ich schätze, da wird bald eine Bugjäger-Ausrüstung frei.

Die gefräßige Bestie hatte mich hinterhältig in die Falle gelockt und hielt mich fest gepackt. Ich war wieder einmal auf mich allein gestellt. Mein Mut und meine Bugjägerinstinkte waren meine einzigen Verbündeten. Tapfer nahm ich den Kampf auf.

ZAP

Dem Riesenbug war mit dem Strahler auf der kleinsten Stufe nicht beizukommen. Das sichere Ende vor Augen, war ich bereit, mich zu opfern, um mein Team zu retten.

POK!
?!

Hey, Stinkfisch!
Lass sofort meinen Freund los!

Hörst du?!

KLATSCH

MIMIMIMIMIMIMIMIMIMIMIMIMIMIMIMIM

KLATSCH
ohhh ...

Steven!
Ist alles okay?

Danke.
Du kannst mich jetzt loslassen.
Gern geschehen.
Piet?

Ich will ja nicht sagen: Ich hab´s dir ja gesagt. Aber: Ich hab´s dir ja gesagt.
Wer hätte denn gedacht, dass es solche großen Bugs schon auf Level 2 gibt!
Aber warum hat der Sprudel-Dudel-Slushy ihn so erschreckt?

ICH HAB DA SO EINE VERMUTUNG. ABER WAS IST MEINE MEINUNG SCHON WERT? ICH BIN JA BLOß EINE HANDELSWARE.
Sei du bloß still.
Nicht einen Finger hast du gekrümmt, um mir zu helfen. Du kannst froh sein, dass wir dich nicht neu hochfahren.

HACH, NEU HOCHFAHREN WÄRE WIRKLICH FURCHTBAR. DANN WÜRDE ICH JA ALL DIE SCHÖNEN ERINNERUNGEN AN DICH VERLIEREN. DAS KANNST DU MIR NICHT ZUMUTEN, USER, DU BIST DOCH DAS ZENTRUM MEINER KÜMMERLICHEN EXISTENZ.
Sei bloß vorsichtig! Ich bin heute schon zweimal fast von einem Bug verspeist worden. Ich bin zu allem bereit.

Ein sarkastischer Droide ist mir bisher noch nicht untergekommen.
Da hast du aber Glück gehabt. Du musst ihn mal erleben, wenn man aus Versehen auf eine Pflanze tritt.

Ich spürte, wir waren auf dem richtigen Weg. Es war nur eine Frage der Zeit, bis wir endlich wieder an die Oberfläche kämen. Wenn wir währenddessen das Genörgel der Plünderin ertragen mussten, dann war das eben so.

Die Bugjäger meinen immer, sie wüssten alles über die verbotene Zone. Aber das ist Bugmist. Von den Wartungstunneln wissen sie jedenfalls nichts.

Dabei sind die Wartungstunnel für alle da, nicht wie die blöden PODs, die nur für Jäger mit LIGA-Ausweis funktionieren.

Aber auf uns Sammler gucken sie immer herab. Jeder kennt die Top-Ten-Jäger, aber wer kennt Severin Star oder Almut Alanis Jane? Die bekanntesten Sammler und Entdecker der verbotenen Zone!
Severin Star?

Ständig halten sich die Bugjäger für die Allergrößten, aber sobald ihr Saugstrahler defekt oder die Magnetverriegelung ihrer Primoxspule ausgeklinkt ist, sind sie geliefert. Und wen fragen sie dann?

Ganz genau! Mich fragen sie dann. Ohne uns Sammler und Reparateure wären die Jäger längst aufgeschmissen.

Ähm, da hast du bestimmt recht. Aber wolltest du uns nicht zum Wartungstunnel führen?
Richtig.
Und wir stehen schon direkt davor.

Ihr werdet wohl eine Weile brauchen, bis ihr nach oben an die Oberfläche kommt. Aber dafür könnt ihr euch nicht wieder verirren.

KNACK

Ähm, ich hab meinen Teil der Abmachung erfüllt, also gehört der Bewässerungsdroide jetzt mir?

Ähem, weißt du, es gibt da etwas, das wir vergessen haben, dir zu erzählen.
Smiley ist nicht wirklich unser Droide. Wir haben ihn nur eingeschaltet und seitdem folgt er uns einfach.

Und er ist nicht nur ein Droide. Er ist unser Freund.
Ich soll nichts dafür bekommen, dass ich euch den Weg gezeigt habe?!
Von zwei Möchtegern-Bugjägern war wohl auch nichts anderes zu erwarten ...

Tut mir leid, Rosa. Aber was sollten wir machen? Du warst unser einziger Weg nach Hause.
Ich bekomme also noch nicht mal einen Droidenarm?
Guck doch nur, wie glücklich er ist.
Da können wir doch nicht einfach Teile von ihm abbauen.

Hätte ich mir denken können, dass Bugjäger ihr Wort nicht halten.
Wie wäre es mit unserer Freundschaft?

HAHAHAHAHAHA

Na gut, aber nur weil
ihr Melvin dabeihabt
und ihr mir was schuldet!

Also kommst du jetzt, Piet, oder was?
Easy-peasy!

Der arme Melvin! Mamba und Mega sind doch hinter ihm her.
FIEP
Wir können ihn nicht einfach zurücklassen!
FIEP FIEP

Wir können ihn aber auch nicht die Leiter hinauftragen.
Aber was wird denn jetzt aus ihm?
EIN WIEDERSEHEN IST SEHR UNWAHRSCHEINLICH! ZU 0,2 PROZENT WAHRSCHEINLICHKEIT LEBT ER HIER UNTEN EIN GLÜCKLICHES BUGLEBEN. ZU 21,7 PROZENT WIRD ER VON EINEM ANDEREN BUG GEFRESSEN UND ZU 78,1 PROZENT WIRD ER VON EINEM BUGJÄGER EINGESAUGT.

IN DEM FALL WIRD ER ZU SPRUDEL-DUDEL VERARBEITET WIE ALLE ANDEREN BUGS AUCH.
WAS?!
WAS!

Er wird zu was verarbeitet?
SPRUDEL-DUDEL BESTEHT ZU 12 PROZENT AUS WASSER, ZU 18 PROZENT AUS ZUCKER UND ZU 70 PROZENT AUS ZERKLEINERTEN BUGS. WAS HABEN DIE USER DENN GEDACHT, WARUM DIE BUGS SO STARK AUF SPRUDEL-DUDEL REAGIEREN?

Das kann doch unmöglich stimmen! Sprudel-Dudel ist das beliebteste Getränk der Welt!
DIE WAHRSCHEINLICHKEIT FÜR EINEN IRRTUM BETRÄGT 0,001 PROZENT.
Das würde erklären, warum die Topjäger von Sprudel-Dudel gesponsert werden.

Steven, hast du das gehört? Die machen Sprudel-Dudel aus geschredderten Bugs!

Wie der Sprudel-Dudel, den wir gerade noch getrunken haben? Ich muss mal kurz ...
WÜRG
WÜRG

Keine Angst, mein Kleiner! Wir lassen nicht zu, dass sie dich zu Sprudel-Dudel verwursten.

Okay, Piet, wie willst du Melvin mit nach oben nehmen?
Und seine Geschwister und alle anderen Bugs zu Sprudel-Dudel zerstampfen lassen? Auf keinen Fall!
Bitte, sag mir, dass du nicht denkst, was ich denke, dass du denkst.
Ganz genau! Wir bleiben, zerstören den Automaten und befreien die Bugs!
STÖHN!

Lasst uns ein paar

Bugs befreien!

Ich hab nichts dagegen, so einen Sprudel-Dudel-Automaten zu zerlegen. Im Gegenteil, ich wollte schon immer mal wissen, wie die Dinger von innen aussehen. Aber euch ist schon klar, dass ihr euch mit der LIGA anlegt, wenn wir das machen?

Wir haben bereits einen Ausweis gefälscht, einen POD zerstört und gegen zwei Top-Ten-Jäger gekämpft. Wir stehen eh schon auf der Abschussliste der LIGA.
Warum habt ihr das nicht gleich gesagt? Dann hätte ich euch sofort geholfen.

Wie so oft dauerte der Rückweg viel weniger lange als der Hinweg. Oder hatte uns Rosa vorher einen extralangen Weg gezeigt?

Da wären wir also wieder bei dem
Sprudel-Dudel-Automaten.

Allerdings waren
wir nicht die Einzigen.

Ich kann es nicht fassen, dass uns diese Rotznasen entkommen sind.
Oh, das werden wir auch noch. Verlass dich drauf.
SPRUDEL DUDEL

Ich finde es schlimmer, dass uns der Bug entkommen ist. Mit dem würden wir unter die TOP FIVE aufsteigen.

Das war's dann wohl. An den beiden kommen wir nicht vorbei.
Was sollen wir jetzt machen? Die sehen nicht so aus, als würden sie bald gehen.
Ich glaube, ich habe einen Plan.

BEWÄSSERUNGSDROIDE B-PO 16
MELDET SICH ZUM DIENST.
Was macht denn ... ein verdammter Roboter hier?
BEWÄSSERUNGSDROIDE.

SPRUDEL
DUDEL

Der Rosteimer war doch mit den Rotznasen zusammen!
DARF ICH DIE USER DARAN ERINNERN, DASS MEINE BEZEICHNUNG BEWÄSSERUNGSDROIDE ...

Klappe, Blechbüchse! Du bist eine Maschine und musst tun, was wir sagen! Also, was machst du hier und wo sind die Rotznasen?
WIE DER USER BEFIEHLT. ICH WURDE HERGESCHICKT, UM EUCH ABZULENKEN, WÄHREND USER PIET UND USER STEVEN EINEN ANGRIFF VORBEREITEN.
Was? Die Rotznasen wollen angrei...
SCHMATZ

KLATSCH

Du kleiner Scheißer glaubst wirklich, du kannst Mega mit Früchten besiegen?
Wer redet denn von „besiegen"?

Du hast wohl vergessen, dass wir zu zweit sind!
Wir nicht, aber du vielleicht?

Zeig ihr, was wir von Jägern halten, Melvin!
BÖRP

Nicht schon wieder!

KLATSCH
KLATSCH
Die sehen wir so schnell nicht wieder.
Wo ist eigentlich der andere?

Ach, der ist noch mit den bösen Brummern beschäftigt.
Du meinst die Rüsselflügler?

Ihr werdet bezahlen, o ja, und wie ...

VLONK

Ha, so ein Schraubenschlüssel ist doch durch keinen Saugstrahler zu ersetzen.

Danke, das war Rettung in letzter Sekunde.
Was ist mit dem Automaten?
SPRUDEL DUDEL
Erledigt!

Den Automaten repariert
so schnell keiner mehr.
KRITZZZ
SPRUDEL
DUDEL

Wir haben's geschafft! Nimm das, LIGA!
Wir haben alle Bugs befreit!
Jetzt können die Bugs in Frieden leben!
Ähm, Jungs, ihr wisst schon,
dass das nur ein Automat
von vielen war?

Falk Holzapfel alias Zapf:
kehrte von einem unerlaubten Ausflug in die verbotene Zone verändert zurück. Seitdem hat er seine Werkstatt nicht mehr verlassen. Manchmal hört man lautes Lachen und Bellen von dort. Solange regelmäßig Bananen unter der Tür durchgeschoben werden, erstellt er weiter Bilder und Texte.

MÜDE:
BEGEISTERT:
VORBEREITET:
SCHNELL:
MUTIG:
BEQUEM:
HUNGRIG:
KLUG:
SPEZIAL:
BUG: UNBEKANNT
HUND: SCHNEE
Essen nicht vergessen

Band 1: ISBN 978-3-7432-0580-2

DAS ERSTE LEVEL – ANGRIFF DER BÖSEN BRUMMER.

Steven und Piet geraten in die verbotene Zone tiiieeef unter der Stadt. Dort sieht es aus wie in einem echten Computerspiel. Schon werden die beiden Jungs von bösen Brummern und schlecht gelaunten Bugs gejagt. Gut, dass sie einen Roboter haben, der ihnen hilft! Doch sind es wirklich nur die Brummer, vor denen sie Angst haben müssen? Klar ist: Die Jungs müssen so schnell wie möglich das Portal zum nächsten Level finden! Ein Computerspiel zum Lesen!

LOEWE WOW!